…ndehaus v. Westen.

OLYMPIA-VERLAG, PRAG

WENN MAN heute die ehemalige Prager Jüdische Stadt betritt, begegnet man schon keinen engen Gäßchen und alten, kleinen Häuschen, die noch im vorigen Jahrhundert von den Tausenden Bewohnern des Ghettos belebt waren. Ähnlich wie auch andere Teile Prags wurde das Ghetto in den Jahren 1897—1917 zum größten Teil abgerissen und durch neue Bauten ersetzt. Dank dem Verständnis der Prager jüdischen Gemeinde und auch dank der Unterstützung durch die breitere Prager Öffentlichkeit im Bereich der Kunst und Kultur sind wenigstens die wertvollsten Objekte erhalten geblieben, die einen in Mitteleuropa heute einzigartigen, den langen Zeitabschnitt von der zweiten Hälfte des 13. Jahrhunderts bis zur Gegenwart repräsentierenden Komplex jüdischer Denkwürdigkeiten bilden. Die Erhaltung der Kontinuität der künstlerischen Stile — Gotik, Renaissance, Barock und auch neuerer Stile — ist ein anschaulicher Beweis dafür, daß die Geschichte der Prager jüdischen Gemeinde in der Vergangenheit nie für eine längere Zeit unterbrochen wurde, wie dies in der Regel in anderen europäischen Ländern und Städten der Fall gewesen war.

Die ersten Juden kamen bereits im Verlauf des 10. Jahrhunderts nach Prag, zuerst als freie Kaufleute, die sich vor allem an den damaligen Handelswegen niederließen. Mittelalterlichen Chroniken zufolge siedelten sie zuerst im Areal der heutigen Kleinseite und unterhalb der Burg Vyšehrad; diese Siedlung wurde jedoch von den Kreuzfahrern in den Jahren 1096—1098 vernichtet, und nach einem Brand im Jahr 1142 war auch das Schicksal der Niederlassung auf der Kleinseite besiegelt. Das Zentrum des Lebens der Prager Juden wurde auf das Gebiet der Prager Altstadt verschoben, wo dann schrittweise das Prager Ghetto entstand.

Die älteste Prager jüdische Denkwürdigkeit ist — außer einigen Bruchstücken von Grabsteinen aus dem 14. Jahrhundert — die Altneusynagoge. Sie steht direkt im Herzen des Ghettos neben dem Komplex der Hohen Synagoge und des Jüdischen Rathauses. Der Eingang in die Altneusynagoge, heute die älteste in Mitteleuropa, führt in ihren südlichen Vorraum, der noch im Geiste des romanischen Stils errichtet wurde. Der Hauptsaal im Stil der Zisterziensergotik ist zweischiffig und sein hohes Gewölbe besteht aus sechs fünfteiligen Feldern. Das Eingangsportal schmückt ein Tympanon mit Motiven des Weinstocks und von Reben, die die zwölf Stämme Israels symbolisieren. Der Hauptsaal diente ursprünglich nur den Männern der Gemeinde, erst in der ersten Hälfte des 18. Jahrhunderts wurde ein Frauenschiff angebaut, von wo aus die Frauen durch schmale Fenster den Ablauf des Gottesdienstes verfolgen können. Der Schmuck des Interieurs der Altneusynagoge ist einfach und streng, aber außerordentlich wirkungsvoll. Außer verzierenden architektonischen Elementen tragen die Wände hebräische Inschriften, verkürzt angeführte biblische Verse oder Zitate aus dem Talmud. Die Mitte des Saals nimmt die von einem reich verzierten Gitter umgebene Rednertribüne („Bima“, „Almemor“) ein.

Hier finden Hochzeitszeremonien statt, und hier wird auch der hebräische Text der biblischen Fünf Bücher Moses — der Thora (d.h. des Gesetzes) — vorgelesen, der die geistige Basis der jüdischen Religion bildet und der auch als eine der Grundlagen der europäischen Kultur gewertet wird. In der Zeit, in der die Thora nicht gelesen wird, ruht sie im Tabernakel („Aron hakodesch") an der Ostwand der Synagoge, in der Richtung Jerusalems, in der auch die Gebete der Gläubigen gesprochen werden. Vor dem Tabernakel ist der Platz des Kantors und hier befindet sich auch eine steinerne Bank, die in der Vergangenheit der religiösen Zeremonie der Beschneidung diente. Seitlich davon steht der für den Oberrabbiner bestimmte Armsessel, dort, wo der Tradition nach Rabbi Löw zu sitzen pflegte. In der Altneusynagoge wird auch die historische, mit dem Davidstern und dem jüdischen Hut verzierte Fahne der Prager jüdischen Gemeinde aufbewahrt.

Die zweitälteste Denkwürdigkeit des Prager Ghettos ist der Alte jüdische Friedhof, der von der ersten Hälfte des 15. Jahrhunderts bis zum Jahr 1787 als Begräbnisstätte diente. Damals wurde hier im Rahmen der Reformbestrebungen des Kaisers Josef II. die Bestattung aus hygienischen Gründen eingestellt, und der ursprüngliche Pestfriedhof in der heutigen Straße Fibichova ulice im Stadtviertel Žižkov wurde zum Hauptfriedhof der Prager Juden.

Inmitten des regen Großstadttreibens bildet der Alte jüdische Friedhof bis heute eine Oase der Ruhe und des Nachsinnens. Das erste, was das Interesse des Besuchers erweckt, ist die dichte Anhäufung von Grabsteinen, die insbesondere für die mittlere Fläche des Friedhofs typisch ist. Der Friedhof ist in diesem Sinne ein symbolischer Ausdruck des Prager Ghettos, das immer mit Platzmangel zu kämpfen hatte und das vor allem im 18. Jahrhundert ein außerordentlich übervölkertes Viertel war. Bei der außerordentlichen Zusammengedrängtheit der Lebenden war auch nicht genug Platz für die Verstorbenen, deren Grab laut den humanistischen Grundsätzen der jüdischen Religion unantastbar ist. Man mußte deshalb auf die alten Gräber, die unberührt blieben, weitere Erdschichten aufschütten und in ihnen weitere Menschen bestatten. Und so entstanden insbesondere im Mittelteil des Friedhofs mehrere übereinanderliegende Gräberschichten, wobei die Grabsteine aus den unteren Schichten immer wieder an die Oberfläche gehoben wurden. Als im Jahr 1903 einige Teile des Friedhofs aufgehoben wurden, wurden die dortigen Grabsteine entweder auf die verbleibende Fläche des Friedhofs verteilt oder in die Umfassungsmauer eingesetzt.

Derzeit verläuft bereits seit mehreren Jahren eine systematische Restaurierung und Konservierung des Friedhofs, um ihn vor den sich verschlechternden ökologischen Einflüssen zu bewahren und um ihn für weitere Generationen als eine Denkwürdigkeit zu erhalten, die seine religiöse Bedeutung mit seiner historischen, kulturellen und künstlerischen Bedeutung vereint. Seine hebräischen Inschriften stellen nämlich ein wichtiges historisches Quellenmaterial dar und die Verzierungen vieler Grabstätten zeugen von der Entwicklung der bildenden Künste im Prager Ghetto. Die mittelalterlichen Grabsteine sind noch ohne jede Verzierung, in der Renaissance erscheinen auf ihnen jedoch bereits Reliefs, die insbesondere im Barock stark vertreten sind. In bunter Folge wechseln Symbole der priesterlichen Herkunft, des Namens oder des Berufs des Verstorbenen ab. Man findet hier die segnenden Hände der Priester, der Kohen, die Kännchen der Leviten, Darstellungen von Löwen, Wölfen, Bären, Hirschen, Fischen, Vögeln und Blumen, von medizinischen Lanzetten, Apothekenmörsern, Gebetbüchern. Es gibt hier auch allgemeine, aus der biblischen und nachbiblischen Religionstradition schöpfende Symbole, ja man kann sogar Darstellungen von menschlichen Figuren feststellen, die insbesondere die Gräber vorzeitig verschiedener Mädchen und junger Frauen schmücken. Die Besichtigung des Friedhofs macht außerdem mit Persönlichkeiten führender Wissenschaftler und deren Werk bekannt, die in Prag lebten und auf dem Alten jüdischen Friedhof ihre letzte Ruhestätte fanden. Hier seien nur einige wenige erwähnt: Avigdor Kara (gest. 1439), Jehuda Liwa ben Bezalel — Rabbi Löw (1512—1609), David Gans (1541—1613), Josef Salomo Delmedigo (1591—1655), Issachar Bär Teller (gest. 1687), Jehuda Löw Teller (gest. 1697), David Oppenheim (1664—1736).

Für das geistige und künstlerische Leben des Prager Ghettos hatte die Entfaltung der Ideen der Renaissance im 16. und zu Beginn des 17. Jahrhunderts grundsätzliche Bedeutung. Die ersten Auswirkungen des Geistes der Renaissance spiegelt der hebräische Buchdruck wider, dessen Zentrum nördlich der Alpen eben Prag geworden war. Am Anfang des 16. Jahrhunderts entstand hier die hebräische Druckerei der Familie Gerson, wo Drucke mit reichen Verzierungen entstanden, unter anderem auch mit Darstellungen menschlicher Gestalten, die in den jüdischen Gemeinden Mitteleuropas bisher aus religiösen Gründen nie benützt worden waren. Die Entfaltung des Prager hebräischen Buchdrucks beeinflußte auch weitere Zweige der jüdischen Kunst, und eben unter diesem Einfluß der Buchillustrationen, vor allem der Titelseiten, entstand sowohl die dekorative Architektur der Grabsteine, als auch — in einigen Fällen — der Dekor silbernen Thoraschilder oder der synagogalen Vorhänge und Thoramäntel. Die Entwicklung des lokalen jüdischen Buchdrucks führte auch zu einer schrittweisen Erweiterung des geistigen Horizonts der Bewohner des Prager Ghettos, dies auch trotz der gefährlichen Krise, die das Ghetto im Zusammenhang mit der Vertreibung der Juden aus Prag in der Mitte des 16. Jahrhunderts mitmachen mußte.

In der ersten Hälfte des 16. Jahrhunderts war die führende Familie des Prager Ghettos die Familie Horowitz, die — wie der Name andeutet — wohl aus der tschechischen Stadt Hořovice stammte. An ihre Tätigkeit in der Verwaltung und im geistigen Leben des Ghettos erinnert die Pinkassynagoge, die im Jahr 1535 Aron Meschullam Horowitz erbauen ließ. Die tiefe Mulde, in der die Synagoge steht, ist die Ursache ständiger Schwierigkeiten dieses Gebäudes durch Feuchtigkeit, bewirkt durch das Eindringen von Grundwasser und durch Überschwemmungen. An der Wende vom 16. zum 17. Jahrhundert wurden an dem Gebäude bauliche Umgestaltungen durchgeführt — Baumeister Juda Goldschmied de Herz. Sein Werk beendete den bis heute ergreifenden Zauber dieses Bauwerks, in dessen Architektur die Spätgotik von spielerischeren Elementen der Renaissance durchdrungen ist. Nach dem zweiten Weltkrieg wurde die Pinkassynagoge zu einer ergreifenden Gedenkstätte der jüdischen Opfer der Nazi-Persekution in Böhmen und Mähren, deren Namen samt Geburtsdatum, der Transportnummer in verschiedene Konzentrationslager und dem Namen der entsprechenden jüdischen Gemeinde die Wände bedeckten. Im Verlauf der weiteren Jahre stellte sich jedoch heraus, daß die Wände der Synagoge rascher von Feuchtigkeit durchdrungen wurden, als man ursprünglich vorausgesetzt hatte. Deshalb blieb die Synagoge viele Jahre lang geschlossen und wurde schrittweise rekonstruiert, einschließlich der Ausstattung mit einem Isolationssystem. Diese Arbeiten konnten erst im Jahr 1990 beendet werden und man begann mit der Erneuerung des Verzeichnisses der jüdischen Opfer des Nazismus an den Wänden der Synagoge.

Wenn die Familie Horowitz die Prager jüdische Renaissance einleitete, so ist der Zeitabschnitt der rudolfinischen Renaissance mit der Persönlichkeit des Mordechai Maisel verknüpft. Dieser Finanzier Rudolfs II. und Primas der Prager Judenstadt machte sich um einen großangelegten Umbau des Ghettos verdient, den er finanzierte. Er starb im Jahr 1601; sein Grabmal auf dem Alten jüdischen Friedhof liegt unweit des Grabs Rabbi Löws, des Hauptrepräsentanten des geistigen Lebens im Prager Ghetto der Renaissance.

Jehuda Liwa ben Bezalel — Rabbi Löw (1512—1609) gehört zu den hervorragenden Persönlichkeiten des jüdischen philosophisch-religiösen Denkens, und dies im Weltmaßstab. In Prag wirkte er als Rektor der Talmud-Hochschule (der Jeschiwa), die Mordechai Maisel gleichzeitig mit der Klausensynagoge errichten ließ, die nach einem Brand im Jahr 1689 im Barockstil umgebaut wurde. Außerdem befaßte sich Rabbi Löw mit Angelegenheiten der Gemeinde und arbeitete unter anderem auch die Statuten der im Jahr 1564 gegründeten Beerdigungsbruderschaft („Chewra kadischa") aus. Das geistige Erbe Rabbi Löws hält eine Reihe von, zum Großteil in der Prager Druckerei der Familie Gerson herausgegebenen Schriften fest, die seine Religionsphilosophie, seine Ethik und seine pädagogischen Ansichten widerspiegeln, die den Ideen J. A. Komenskýs (Comenius) im christlichen Bereich entsprechen. Außerdem kann man Rabbi Löw als ein Vorläufer des osteuropäischen Chassidismus des 18. und 19. Jahrhunderts bezeichnen, den der moderne Leser in der Regel aus der Bearbeitung des jüdischen Denkers Martin Buber kennt. Die breite kulturelle Öffentlichkeit kennt jedoch Rabbi Löw dank den seine Person umspinnenden Legenden, die durch seine Weisheit und sein hohes Alter inspiriert wurden. Die verbreitetste und bekannteste ist die Geschichte vom den Golem, ein künstliches menschliches Wesen, das der Sage nach Rabbi Löw aus Lehm geschaffen haben soll und das er mit Hilfe des geheimen Namen Gottes („Schem") belebte.

Im Prager Ghetto der Renaissance begann man sich jedoch auch mit dem Studium der exakten und Naturwissenschaften zu befassen. In der Judenstadt wirkten vor allem der Historiker, Mathematiker und Astronom David Gans, der Arzt, Mathematiker, Astronom und Philosoph Josef Salomo Delmedigo sowie die Ärzte Issachar Bär Teller und Jehuda Löw Teller.

Im Zeitabschnitt Mordechai Maisels, Rabbi Löws und der Gelehrten des 17. Jahrhunderts entstanden im Prager Ghetto außer weiteren Bauten, die die Assanierung an der Wende vom 19. zum 20. Jahrhundert nicht überdauerten, die Hohe Synagoge, die Maiselsynagoge und die Klausensynagoge. Lediglich die im Jahr 1568 von Mordechai Maisel gegründete und unter der Leitung des Italieners Pankratius Roder erbaute Hohe Synagoge blieb in ihrer ursprünglichen Form erhalten, die übrigen Bauwerke wurden im 17. und 18. Jahrhundert durch Brände beschädigt und in einem anderen Stil umgebaut.

Die Hohe Synagoge trägt ihren Namen deshalb, weil sich ihr Hauptsaal im ersten Stockwerk eines an das Jüdische Rathaus angrenzenden Gebäudes befindet. Der Saal hat ein stilreines typisches Renaissancegewölbe, das mit Lünetten, Rippenornamenten und Perlenkränzen verziert ist. Noch vor dem zweiten Weltkrieg wurden hier Gottesdienste abgehalten. Nach dem Krieg wurde das Objekt dem Prager Jüdischen Museum angegliedert. Es beherbergt heute eine synagogalen Textilien gewidmete Ausstellung; die ältesten der Ausstellungsstücke stammen aus Prag vom Ende des 16. Jahrhunderts.

Den Hauptsaal der Hohen Synagoge betrat man ursprünglich direkt aus den Räumlichkeiten des Jüdischen Rathauses, dessen Erbauer wiederum Pankratius Roder und dessen Mäzen Mordechai Maisel waren. Das Renaissancerathaus fiel einem großen Brand im Jahr 1689 zum Opfer, sein heutiges Rokokoaussehen stammt von einem Umbau im Jahr 1763, der nach einem nicht weniger vernichtenden Brand im Jahr 1754 notwendig geworden war. Aus dieser Zeit stammt auch die bekannte hebräische Uhr des Rathausturms, deren Zeiger sich von rechts nach links drehen, weil die hebräische Schrift ebenfalls in dieser Richtung geschrieben und gelesen wird.

Zu den Bauten Mordechai Maisels im Prager Ghetto gehört auch die Synagoge, die bis heute seinen Namen trägt. Beendigt wurde der Bau im Jahr 1592 von den Baumeistern Josef Wahl und Juda Goldschmied de Herz. Ebenso wie weitere Synagogen wurde auch sie beim Brand des Jahres 1689 stark beschädigt, später erneuert und schließlich an der Wende vom 19. zum 20. Jahrhundert völlig im neugotischen Stil umgebaut. Heute findet man in ihr eine Ausstellung, die den Denkwürdigkeiten der synagogalen Kunst gewidmet ist. Diese Ausstellungsobjekte stammen aus verschiedenen jüdischen Gemeinden

Böhmens und Mährens, die während der nazistischen Verfolgung im zweiten Weltkrieg liquidiert wurden. Die meisten der Ausstellungsobjekte, die zu den Spitzenleistungen der Silberschmiedekunst gehören, stehen in engstem Zusammenhang mit den Thorarollen (Thoraschilder, -aufsätze, -kronen, Zeiger in der Form von Händen u.a.). Zu einer besonderen Kategorie gehören die Kunstwerke, die sich auf die Tätigkeit der Beerdigungsbruderschaften beziehen. An die humane Sendung dieser Bruderschaften in den vergangenen Jahrhunderten erinnern Spendenbüchsen, Urnen für die Wahl des Vorstands und verschiedene Gebrauchsgegenstände (Kämme, Säuberungsgeräte). Ein einzigartiges künstlerisches Dokument, das einen Querschnitt durch die Tätigkeit der Prager Beerdigungsbruderschaft festhält, ist eine Gemäldezyklus, das Werk eines unbekannten Künstlers aus der Zeit um das Jahr 1780.

Die Maiselsynagoge und ihre Kunstsammlungen deuten einen Übergang von den Renaissance- und Barockdenkwürdigkeiten des Prager Ghettos in die neuere Zeit an. Vom Ende des 17. Jahrhundert wurde das Ghetto schrittweise zu einem stark übervölkerten Viertel mit einer maximal zusammengedrängten Verbauung. Die schlechten Lebensbedingungen erschwerten ständig steigende Steuern, von denen die Juden viel stärker betroffen waren als ihre christlichen Nachbarn. Aber auch unter diesen erschwerten Umständen stieg die Einwohnerzahl des Ghettos, die im ersten Drittel des 18. Jahrhunderts einen Stand von 10.000 bis 11.000 Personen erreichte. Die damaligen Regierungsämter waren im Geiste eines gewissen „amtlichen Antisemitismus“ bemüht, die jüdische Bevölkerung durch eine Beschränkung der Zahl ihrer Familien zu reduzieren. Diese Versuche führten in der Regierungszeit der Kaiserin Maria Theresia sogar zu einer kurzfristigen Vertreibung der Juden aus Prag in den Jahren 1744—1748. Nach dem Regierungsende Maria Theresias und dem Antritt Josefs II. erschlossen sich den Prager Juden neue Möglichkeiten; so stieg z.B. die Zahl der Handwerke und Berufe, in denen Juden zur Geltung kommen konnten und die das mittelalterliche Ghetto nicht gekannt hatte.

In geistiger Hinsicht wurde im Prager Ghetto des 18.—19. Jahrhunderts die Tradition der jüdischen Rabbinerstudien fortgesetzt. Unter den hier wirkenden Gelehrten seien vor allem der Oberrabbiner und Bibliophile David Oppenheim (1664—1736) und seine späteren Nachfolger Esechiel Landau (1713—1793) und Eleasar Fleckeles (1754—1826) erwähnt.

Das Toleranzpatent Josefs II. aus dem Jahr 1782 öffnete den Weg zum religiösen Verständnis und zu einer schrittweisen Erlangung der Gleichberechtigung der Juden mit ihrer Umgebung. Im Zusammenhang mit den nachfolgenden politischen und gesellschaftlichen Reformen hielt die jüdische Aufklärung („Haskala“) Schritt, die dem Vorbild der europäischen Aufklärer folgte. Sie war bemüht, die alten, bis ins Mittelalter zurückreichenden, überholten Traditionsreste zu beseitigen, der jüdischen Bevölkerung ihre Gleichberechtigung zu sichern und eine Modernisierung ihrer Kultur und ihres Lebensstils zu erreichen. In einer verhältnismäßig kurzen Zeit wurden die gelehrten frommen Rabbiner durch eine junge Generation von Gelehrten ersetzt, die ihren traditionellen Glauben mit Forschungsarbeiten auf dem Gebiet der neuen, sich rasch entfaltenden „Wissenschaft des Judentums" verbanden. Die bekanntesten Repräsentanten dieser Strömung in Prag waren S. J. Rapoport (1790—1867), Leopold Zunz (1794—1886), Michael Sachs (1808—1864) oder S. I. Kaempf (1818—1892).

Unter dem Einfluß der Aufklärung entwickelten sich in der ersten Hälfte des 19. Jahrhunderts auch reformierte jüdische Gemeinden, die einen neuen Typ des synagogalen Gottesdientes in Anwendung brachten. In Prag wurde die erste reformierte Gemeinde in den dreißiger Jahren des 19. Jahrhunderts bei der „Altschul" gegründet. Diese gehörte zu den ersten und ältesten Prager Synagogen überhaupt, aber im Verlauf der Jahrhunderte wurde sie oft beschädigt, vernichtet und neu aufgebaut. Zum Schluß wurde sie niedergerissen und im Jahr 1868 wuchs an ihrer Stelle die heutige Spanische Synagoge auf, deren Interieur reich mit Verzierungen im maurischen Stil geschmückt ist. In der reformierten Gemeinde bei der Altschul arbeitete einige Jahre als Organist und Chordirigent der tschechische Komponist František Škroup, der Schöpfer der tschechischen Nationalhymne „Wo ist mein Heim".

In den Jahren 1848—1867, die den Juden in den böhmischen Ländern die völlige Emanzipation brachten, wurde das Prager Ghetto als ein geschlossenes Viertel aufgehoben. Die Juden erhielten die Möglichkeit, außerhalb seiner Mauern zu leben und sie wurden zu allseitig vollberechtigten Bürgern. Neue Synagogen entstanden deshalb bereits außerhalb der Grenzen des ehemaligen Ghettos, in erster Linie die Jubiläumssynagoge in der Prager Neustadt, die in den Jahren 1905—1906 im Geiste des Jugendstils erbaut wurde und reich im beliebten pseudomaurischen Stil geschmückt ist.

Die Wende vom 19. zum 20. Jahrhundert, d.h. der letzte Zeitabschnitt des alten Prager Ghettos (das damals bereits ein Armenviertel war) ist gleichzeitig auch eine Periode, in der die Prager jüdische Kultur die Weltliteratur nicht unwesentlich bereichert hat. Es ist dies die Zeit Franz Kafkas (1883—1924), eines der größten literarischen Genies des 20. Jahrhunderts. Er verlebte in Prag einen Großteil seiner Erdlaufbahn; das magische Milieu dieser Stadt inspirierte ihn zu den meisten seiner Werke. Nach Kafkas Ableben im Sanatorium Kierling bei Klosterneuburg wurden seine sterblichen Überreste in seine Geburtsstadt überführt und auf dem Neuen jüdischen Friedhof in Olšany beigesetzt, wo auch eine Reihe weiterer Repräsentanten des Prager Judentums der neueren Zeit ihre letzte Ruhestätte gefunden hat.

Franz Kafka starb in der Zeit der ersten Tschechoslowakischen Republik, die am 28. Oktober 1918 entstanden war. Unter der Führung ihres ersten Präsidenten T. G. Masaryk und seines Nachfolger E. Beneš wurde die Tschechoslowakei in der Zeit zwischen den beiden Weltkriegen zu einer Oase der Demokratie in Mitteleuropa, in der die Juden im Besitz aller Bürgerrechte und -freiheiten waren. Die Besetzung der böhmischen Länder durch die Nazis und der zweite Weltkrieg brachten einen Umbruch dieser günstigen Entwicklung. Die Nazis führten auf dem Gebiet des Protektorats Böhmen und Mähren die berüchtigten Nürnberger Rassengesetze ein und begannen mit einer systematischen Verfolgung der Juden, die in ihrer physischen Liquidierung gipfelte. In der nordböhmischen Festungsstadt Terezín (Theresienstadt) errichteten die Nazis ein Ghetto und Konzentrationslager, wohin die Juden aus Böhmen, Mähren und einigen weiteren Ländern deportiert wurden. Aus Böhmen und Mähren kamen während des Holocausts an 80.000 Juden ums Leben, 153 jüdische Gemeinden wurden liquidiert. Während dieser Jahre spielte sich auch eine der Etappen des Schicksals des Prager Jüdischen Museums (gegründet im Jahr 1906) ab; hier wurden auf Befehl der Nazis alle Kunstgegenstände aus dem Besitz der vernichteten Synagogen und jüdischen Gemeinden konzentriert. Unter den Denkwürdigkeiten aus der Zeit des Holocaust, die nach dem Krieg die Sammlungen des erneuerten Jüdischen Museums bereicherten, sei der rührende Komplex von einigen Tausenden von Kinderzeichnungen erwähnt, die im Ghetto und Konzentrationslager Theresienstadt entstanden sind. Ihre kleinen Autoren kamen bis auf unbedeutende Ausnahmen in den Gaskammern von Auschwitz ums Leben.

Wenn auch die Nazis im zweiten Weltkrieg um sechs Millionen jüdischer Bewohner der europäischen Länder ermordeten, so ist es ihnen dennoch nicht gelungen, ihre Absicht, alle Juden einschließlich ihrer Religion und ihrer Kultur zu vernichten, zu verwirklichen. Und so lebt in Prag auch weiterhin eine zwar kleine jüdische Gemeinde, die jedoch stark in ihrem Entschluß ist, die tausendjährige Tradition des Prager Judentums aufrechtzuerhalten. Derzeit sind in Prag zwei Synagogen, die als Gotteshäuser dienen — die Altneusynagoge und die Jubiläumssynagoge, und es haben hier auch der Rat der jüdischen Kultusgemeinden in der Tschechischen Republik, die Prager jüdische Gemeinde und ein Rabbinat ihren Sitz.

Die tausendjährige Geschichte der Prager Judenschaft ist also nicht beendet und nimmt ihren Fortgang. Von der Tiefe und dem Humanismus der jüdischen Kultur, die in unseren Ländern seit dem Mittelalter lebt, zeugt unter anderem auch der Komplex der Sammlungen des Jüdischen Museums, die in historischen Bauwerken des ehemaligen Prager Ghettos untergebracht sind.

Jan Minařík: Der Alte jüdische Friedhof (1899)
Das romantische Milieu des Friedhofs mit seinen Grabsteingruppen zwischen Inseln frischen Grüns inspirierte viele Künstler vom 19. Jahrhundert bis zur Gegenwart

Gesamtansicht des Alten jüdischen Friedhofs, der die vornehmliche Begräbnisstätte des Prager Ghettos war. Auf seiner Fläche sind an die 12.000 Grabsteine erhalten geblieben

Eine typische Gruppe von Grabmälern, die im Verlauf von vier Jahrhunderten bei der schrittweisen Erhöhung des Niveaus des Terrains um neue Gräberschichten entstanden sind

Der Hügel „Nefele"
Hier wurden Kindern, die bei oder nach der Geburt verschieden, beerdigt. Im Jahr 1903 wurden hierher die sterblichen Überreste der Verschiedenen aus jenem Teil des Friedhofs übertragen und hier beerdigt, der bei der Assanierung des Ghettos liquidiert wurde

Die Fragmente gotischer Grabmäler aus dem
14. Jahrhundert
stammen aus Funden in der Straße Vladislavova
ulice der Prager Neustadt, wo in der Mitte des
19. Jahrhunderts Reste von Grabmälern eines
älteren jüdischen Friedhofs entdeckt wurden

Die einfachen Stelen aus dem 15. und 16. Jahrhundert sind ohne jede Verzierungen, die in den Stein eingehauenen hebräischen Inschriften wirken jedoch monumental

Faksimile des Grabmals des Avigdor Kara (1439) vom Alten jüdischen Friedhof
Der Dichter und Gelehrte Avigdor Kara ist der Autor einer Elegie zum Andenken an die Opfer eines Pogroms, der sich im Prager Ghetto im Jahr 1389 abspielte

Levitische Kanne
Die Darstellung einer der ritualen Waschung der Hände der Priester (der Kohen) dienenden Kanne findet man auf den Grabsteinen jener, die der Tradition nach aus dem biblischen Stamm der Leviten stammten

Löwen als Schildträger
schmücken das Grabmal der Hendl Baschewi (1628), der Gattin des Jakob Baschewi, der als erster Jude in Böhmen mit dem Prädikat „von Treuenburg" in den Adelsstand erhoben wurde

Symbol der Zugehörigkeit zum Geschlechte der Kohen
Die Verschieden, auf deren Grabmälern die beiden segnenden Hände zu finden sind, sollen der Tradition nach aus dem Geschlecht des ersten Hohepriesters Aaron stammen

Den Namen Jehuda-Löw symbolisiert sehr oft der böhmische Löwe,
eine typische Darstellung auf den Grabsteinen des Alten jüdischen Friedhofs

Das Symbol des Namens Dow oder Baer
Diesen häufigen jüdischen Namen symbolisiert das erhabene oder versenkte Relief eines Bären

Ein Buch bezeichnet den Beruf des Kantors, der den synagogalen Gottesdienst leitet

Der Vogel Greif gehört zu den phantastischen Motiven,
die man auf Grabsteinen des Alten jüdischen Friedhofs findet und die sich weder auf den Namen noch den Beruf des Verstorbenen

Original des Grabmals des Avigdor Kara in der Museumsausstellung der Klausensynagoge
Der Text der Inschrift aus dem Jahr 1439 ist bereits stark beschädigt, in seinem oberen Teil ist jedoch der Name des Verstorbenen noch lesbar

Eine typische Gruppe von Grabsteinen
Die dichten Reihen der Grabsteine tragen zur besonderen Atmospäre des Alten jüdischen Friedhofs bei

>

ברוך אתה יי אלהינו מלך העולם
שהחיינו וקימנו והגיענו לזמן הזה :

צורת הציד מקונן על מדה' כי לא יערוך רמיה צידו' :
על כן שער ראשו מרט' והאה נגלתו יורק ירקרט'

כשבא ראש השנה בליל מוצאי שבת מתחיל ויאמר זה'

ברוך אתה יי אלהינו מלך
העולם בורא פרי הגפן :
ברוך אתה יי אלהינו מלך
העולם אשר בחר בנו מכל
עם ורוממנו מכל לשון וקדשנו :

Illustration aus dem Buch der Segensprüche, Prag, 1514
Das hebräische „Buch der Gesänge und Segensprüche" ist die zweite Druckschrift, die in der Prager, von Gerson ben Salomo Kohen gegründeten hebräischen Druckerei der Familie Gerson herauskam

Illustration aus der Prager Haggada (1526)
Zu den bekannten Prager hebräischen Drucken gehört eine Haggada, die in der Druckerei der Familie Gerson herauskam; die Haggada enthält den bei den Pesach-Feiertagen — den jüdischen Osterfeiertagen — gelesenen Text

סכום פסוקים דספרא וספרא דאורייתא ׃ בראשית אלף וחמש מאות
ושלשים וארבעה ׃ ואלה שמות אלף ומאתים ותשעה ׃ ויקרא שמנה
מאות וחמשים ותשעה ׃ במדבר סיני אלף ומאתים ושמונים ושמנה ׃
אלה הדברים אלף וחמשים וחמשה ׃ סכום הפסוקים של כל התורה
חמשת אלפים ותשע מאות וארבעים
וחמשה ׃

גרשם בר שלמה הכהן מחקק ׃
מרדכי בר גרשם הכהן מחקק ׃
שלמה בר גרשם הכהן מחקק ׃

Das Wappen Prags im Pentateuch aus dem Jahr 1530 umrahmt ein Vers aus dem Buch des Propheten Jesajas (40,29): „Gesegnet sei der, der den Müden und Ohnmächtigen neue Kräfte verleiht“

אלה

הדברים אשר דבר משה
אל כל ישראל בעבר הירדן
במדבר בערבה מול סוף בין
פארן ובין תפל ולבן וחצרת
ודי זהב: אחד עשר יום
מחרב דרך הר שעיר עד
קדש ברנע: ויהי בארבעים
שנה בעשתי עשר חדש

Prager Pentateuch aus dem Jahr 1530
In diesem wertvollen Druck stechen vor allem die reich geschmückten Titelseiten der einzelnen Bücher Mosis hervor

Inschrift über den Bau der Pinkassynagoge in ihrer Vorhalle:
„Es ging ein Mann aus dem Haus Lewi, namens Aaron Meschullam hervor . . . und erbaute diese Synagoge, ein herrliches Gebäude, zusammen mit seiner Gattin, der Tochter des Rabbi Menachem, Frau Nechama . . . Der Bau begann im Jahr 1535 und wurde zu Ehren des erhabenen Gottes und der Thora hier in der heiligen Ortschaft, dem königlichen Prag, beendet"

Das Tabernakel der Pinkassynagoge trägt reichen Renaissanceschmuck. Vor ihm liegt in der Mitte der Synagoge die Rednertribüne (Almemor), die von einem Barockgitter umgeben ist

Das Detail des inneren Portals der Pinkassynagoge trägt als Verzierung eine Kanne, die die Zugehörigkeit der Familie Horowitz zum Stamm Lewi bezeichnet

Das Gewölbe der Pinkassynagoge ist ein Beispiel für die Mischarchitektur der Spätgotik mit Renaissanceelementen

גור אריה יהודה

ביאור

שחבר הגאון האלוף בי כמוהר״ר

יהודה בר בצלאל על פי׳ רשי זל על חמשה חומשי תורה

לבאר פירשו לתלמידים המעיינים כי ראשון הוא פירושו לכל פי׳ לפרש הפשט גם כלל מתלמוד ואגדת מדרש רבות מכלתא ספרא וספרי גם לברר דבריו אם האמת אתו מה שהשיבו עליו הבאים אחריו ולברר כל מה שבא בדבריו מדברי רז״ל אם בהלכה לברר עומק ההלכה ואם באגדה לבאר אותה על פי סודה וט״ב טעמה ומן המאמרים הידועים שבאו בפי׳ ר״שי ראיה על האחרים שכלם דברי חכמה ומום א״ן בהם ובקצת מקומות להראות פי׳ במקרא או בתרגום יותר קרוב עד שהחבור הזה הוא נאות אף לגדול וה״א אריה בתורה ולינוק והכים גור כותר׳ לכן שם חבור הזה **גור אריה** והוא טרף יטרף כל פירוש זר ורחוק יביא עד הטריפה לא ישלמנה ובכסף וזהב וכל חפצי לא ישוו בו כמו שאמר טוב לי

תורת פיך מאלפי

זהב וכסף

נדפס תחת ממשלת אדוננו המרומם הקיסר והמלך רומי רודולף ירה ומנשיא ומלכותו כי״רא והוקם המלאכה ע״י ובבית הקצין הישיש היקר כמר מרדכי בר גרשם כ״ץ ו״כו מחוקק

בה קק פראג הבירה בשנת שלח לפק

Titelseite einer Schrift des Rabbi Löw aus dem Jahr 1578
Die Mehrzahl der ersten Ausgaben der Arbeiten Rabbi Löws kam in Prag, in der hebräischen Druckerei der Familie Gerson, heraus

Grabmal des Rabbi Löw (1609) und seiner Gattin Perl (1610)
Es ist das geistige Zentrum des Alten jüdischen Friedhofs und das Ziel ungezählter Besucher, die hierher pilgern, um zu beten, oder einen Wunschzettel ins Grab zu stecken oder wenigstens das Grab des größten Denkers des Prager Ghettos zu sehen

Das Grabmal des David Gans (1613) schmücken Symbole seines Namens — ein Davidstern und das Bild einer Gans

Die Statue des Rabbi Löw von Ladislav Šaloun stammt aus dem Jahr 1911. Sie steht an der Ecke des Neuen Prager Rathauses und erinnert an die Sage vom Kampf des Rabbi Löw mit dem Todesengel

Grabmal des Josef Salomo Delmedigo (1655)
Dieser Gelehrte, Arzt und Philosoph gehörte zu den führenden jüdischen Wissenschaftlern des 17. Jahrhunderts. In Prag verlebte er die letzten Jahre seines Lebens

Das Grabmal des Jehuda Löw Teller (1697), eines Prager jüdischen Arztes, schmücken die Symbole seines Namens und seines Berufs — das Relief eines Löwen, der in seiner Pranke eine ärztliche Lanzette hält

Tabernakel der Hohen Synagoge
Die Hohe Synagoge gründete Mordechai Maisel im Jahr 1568. Das Barocktabernakel ist allerdings jüngeren Ursprungs

Das Detail des Tabernakels der Hohen Synagoge zeigt eine wirkungsvolle Kombination von Farben mit einer vergoldeten hebräischen Inschrift

Vorhang aus der Altneusynagoge, 1738
Die synagogalen Textilien beeindrucken die
Besucher durch ihre Farbenkombinationen, ihre

Detail eines Vorhangs aus dem Jahr 1738
Diesen Vorhang widmete der Altneusynagoge Frau Schifra, die Tochter des Wolf Spira und Witwe des Prager Oberrabbiners David Oppenheim

Vorhang, Prag, 1772
Die synagogalen Vorhänge hängen vor dem Tabernakel, in dem sich die Pergamentrollen der Thora mit dem hebräischen Text der fünf Bücher Mosis befinden

Volkstyp eines Vorhangs, Boskovice, 1831
Bei Textilien, die in kleineren jüdischen Gemeinden Böhmens und Mährens, oft unter dem Einfluß der lokalen Volkskunst, entstanden, dominiert die Schlichtheit des Ausdrucks

Thoramantel, Březnice, 1761
Eine weitere grundlegende Art synagogaler Textilien sind die „Mäntel", in die die Pergamentrollen der Thora eingehüllt sind

Detail eines Thoramantels, Prag, 1731, mit reichen Barockstickereien auf zartem Samt. Der Pinkassynagoge widmete ihn Josef Weli und seine Gattin

Das Motiv der Zehn Gebote auf einer Draperie, ein in der neueren Zeit häufiges Sujet der synagogalen Kunst

Die Säckchen zur Aufbewahrung von Gebetriemen, Böhmen, 19. Jahrhundert, sind Beispiele für kleine jüdische Textilien, Produkte der nicht professionellen Heimstickereiarbeit

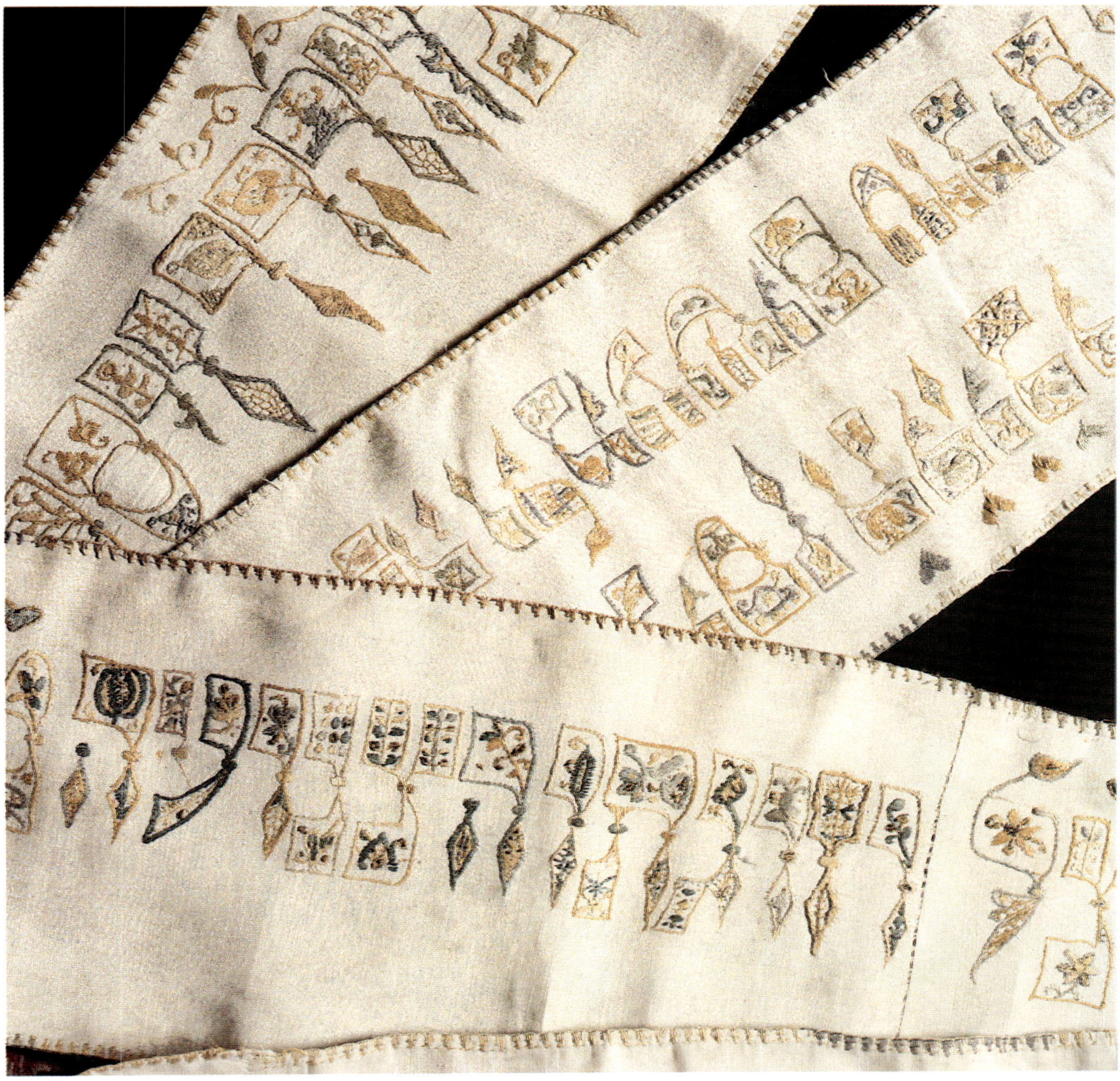

Thorawickel, Mladá Boleslav, 1752
Thorawickel dienten zum Einwickeln der Thora-Pergamentrollen. Der Usus, sie zu Hause bei der Gelegenheit der Geburt eines Knaben zu sticken, war nicht nur unter den Juden Böhmens und Mährens verbreitet. Die Stickerei enthält einen hebräischen Text mit dem Wunsch, der Knabe möge zum Studium der Thora, zur Hochzeit und zu guten Taten aufwachsen

Kopfbedeckungen, Böhmen, 19. Jahrhundert
Die feierlichen Kopfbedeckungen mit reicher Stickerei sind für das Haupt der Familie bestimmt

Davidstern mit Hütchen — das Emblem der Prager jüdischen Gemeinde
Man findet es an der Fassade und auf dem Türmchen des Jüdischen Rathauses, auf der Fahne der Prager jüdischen Gemeinde in der Altneusynagoge und auch auf jüngeren Grabsteinen des Alten jüdischen Friedhofs

Zwei Uhren messen die gleiche Zeit
Mit den Worten Guillaume Apollinaires:
« Les aiguilles de l'horloge du quartier juif vont à rebours /et tu recules aussi dans ta vie lentement/ En montant au Hradchin . . . »

אנכי
לא יהיה
לא תשא
זכור
כבד
לא תרצח
לא תנאף
לא תגנב
לא תענה
לא תחמד

Tabernakel der Maiselsynagoge
Mordechai Maisel „errichtete eine so große, eine so herrliche Synagoge, daß ihrer Schönheit keine einzige Synagoge in der ganzen Diaspora gleichkommt; sie steht auf zwölf steinernen Säulen . . . Man nimmt an, daß die Kosten des Baus . . . sich auf mehr als zehntausend Taler beliefen . . .“

Tympanon des Portals der Maiselsynagoge
Das ursprüngliche Bauwerk wurde bei einem Brand im Jahr 1689 beschädigt und wurde schrittweise auch mehrmals umgebaut

Gewölbe der Maiselsynagoge
Der letzte Umbau an der Wende vom 19. zum 20. Jahrhundert gab der Synagoge ein Gewölbe mit falschen Rippen

Fenster in der Maiselsynagoge
Die farbenprächtigen Vitragen sind ebenfalls das Werk des neugotischen Umbaus

יהוה

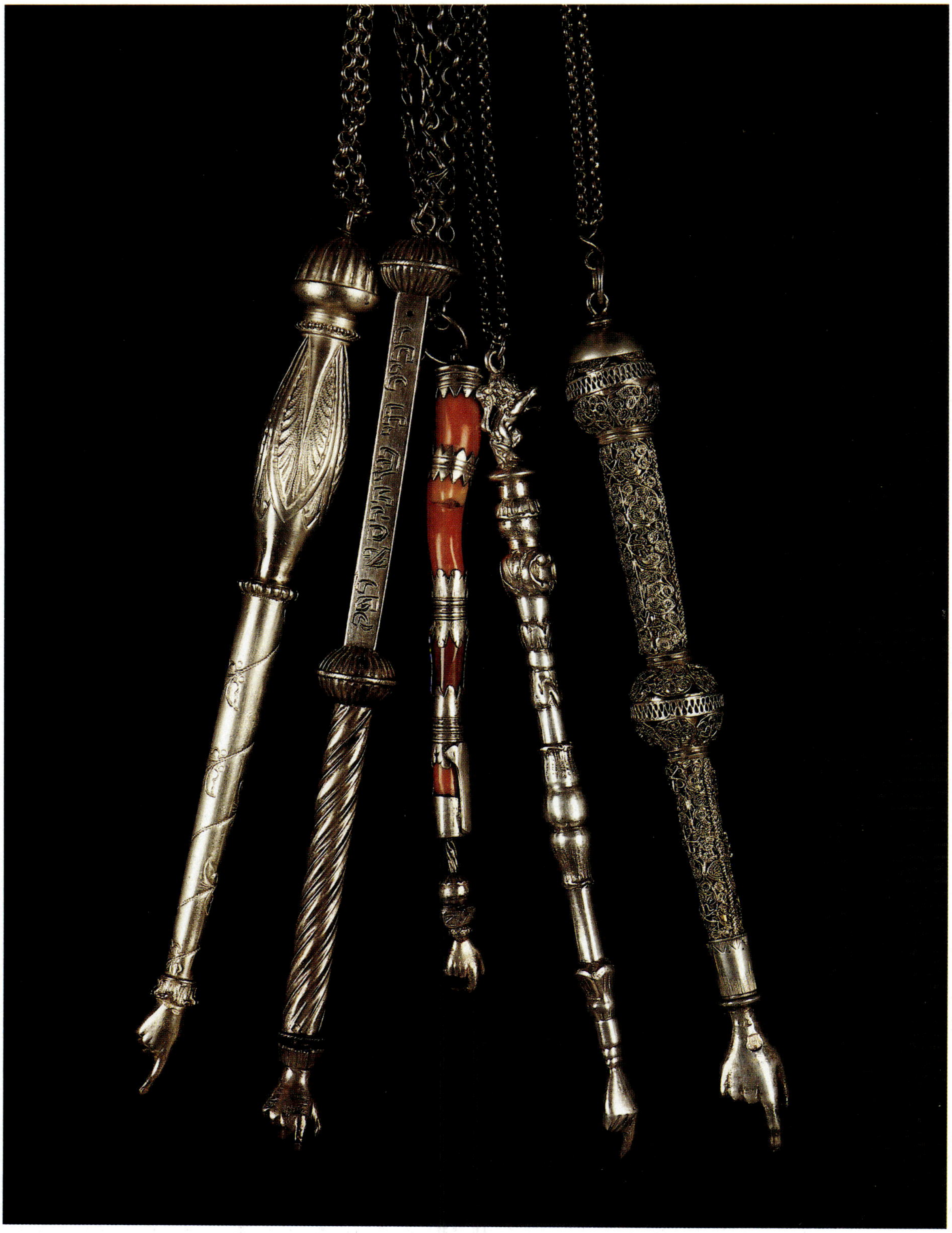

Thorazeiger, Böhmen und Mähren,
19. Jahrhundert
Sie dienen zur Verfolgung des Textes beim Lesen
der Thora, denn die Rollen soll keine
menschliche Hand berühren

Gewürzbüchse, Prag, 1840
Silberne, oft reich geschmückte Gewürzbüchsen benützt man beim Ritual des Abschieds vom Sabbat — dem Ruhetag Samstag

Pokal, 1745
In der Sammlung synagogaler Silbergegenstände sind Festpokale stark vertreten, die meist mit hebräischen Widmungsinschriften verziert sind

Zinn-Sederteller, 1775
Die Sederteller gehören auf den festlich gedeckten Tisch beim Abendessen am Vorabend der jüdischen Osterfeiertage Pesach

Schüsselchen für die Zitrusfrucht, Prag, 1860
Die Zitrusfrucht (etrog) ist eines der pflanzlichen Symbole, die bei der Feier Sukkot („Laubhüttenfest") die landwirtschaftlichen Charakter hat, in Anwendung kommen

Silberner Chanukkaleuchter, 19. Jahrhundert

Leviten-Garnitur, 18. Jahrhundert
Sie besteht aus einer Kanne und einer Schüssel. Die Symbole der Kanne oder der ganzen Garnitur findet man oft auf Grabsteinen oder synagogalen Gegenständen als Zeichen des Stammes Lewi

Thoraaufsätze, Prag, 1895
Die silbernen Aufsätze werden auf die hölzernen Stäbe aufgesetzt, auf die die Pergamentrollen der Thora aufgewickelt sind

Sabbatleuchter, 19. Jahrhundert
Die Sabbatleuchter beleuchten die Festtafel am
Ruhetag Sabbat

Thorakrone, Brno, 1813
Die silbernen Thorakronen dienen zur Verzierung
der Thorarollen an großen Feiertagen

Interieur der Klausensynagoge in der Mitte des 19. Jahrhunderts
Die von Mordechai Maisel gegründete Synagoge trägt ihren Namen nach einigen kleineren Gebäuden — Klausen —, an deren Stelle sie errichtet wurde

Die Klausensynagoge
in ihrer heutigen Form wurde nach dem großen Brand des Prager Ghettos im Jahr 1689 errichtet, dem das ursprünglich von Mordechai Maisel errichtete Gebäude zum Opfer fiel

Detail des Tabernakels
Das Barocktabernakel hat einen reichen Schmuck, dessen unteilbarer Bestandteil vergoldete hebräische Inschriften sind

Das Tabernakel der Klausensynagoge stammt aus dem Jahr 1696; sein Donator war Samuel Oppenheim

Stuckverzierungen des Gewölbes der Klausensynagoge
Die Klausensynagoge war nach der Altneusynagoge die wichtigste Synagoge des Ghettos und war als Bethaus der Prager Beerdigungsbruderschaft vorbehalten

Fenster der Klausensynagoge
Die Fenster der Synagoge erhielten bunte Vitragen beim teilweisen Umbau in den achtziger Jahren des 19. Jahrhunderts

Der Zeremoniensaal der Beerdigungsbruderschaft, ein pseudoromanisches Bauwerk vom Anfang des 20. Jahrhunderts, beherbergt heute eine permanente Ausstellung von Kinderzeichnungen aus dem Konzentrationslager Theresienstadt

Jugendstilgitter beim Eingang und Treppenaufgang zum Zeremoniensaal

והוא רחום

Aus einem Bildzyklus der Prager Beerdigungsbruderschaft
Die Beerdigungsbruderschaft entstand in Prag bereits im Jahr 1564. Um das Jahr 1780 schuf ein unbekannter Maler einen Bildzyklus, der die Tätigkeit dieser Bruderschaft festhält und der dann in der ersten Hälfte des 19. Jahrhunderts

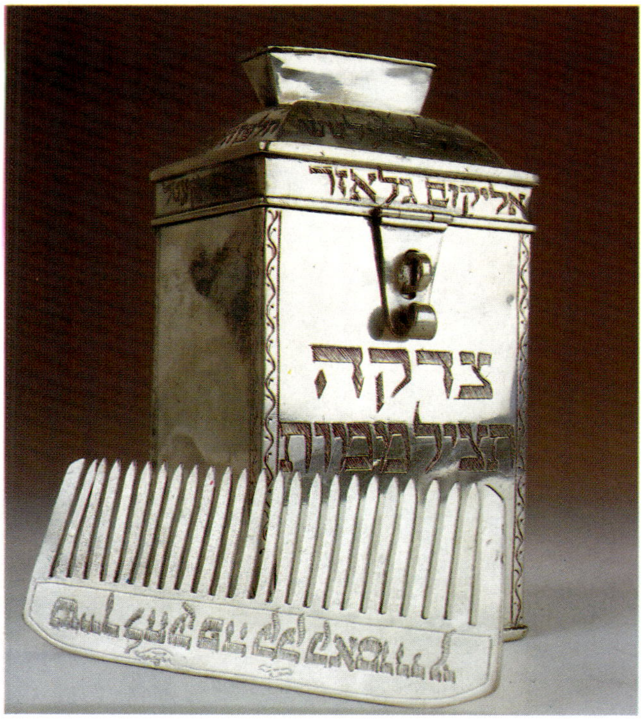

Die Almosenbüchse (1780) und der Kamm (1813) stammen aus dem Eigentum von Beerdigungsbruderschaften, die bei einer Reihe von jüdischen Gemeinden existierten

Krug der Beerdigungsbruderschaft, Miroslav, 1813
Solche Krüge wurden bei den Jahresversammlungen der Beerdigungsbruderschaften, die mit einem Festmahl verbunden waren, verwendet. Sie tragen Verzierungen mit Sujets aus dem Leben und der Tätigkeit dieser Vereine

Grabmal des David Oppenheim (1736)
Der auf dem Alten jüdischen Friedhof beerdigte Prager Oberrabbiner David Oppenheim hat eine umfangreiche Sammlung von hebräischen Drucken und Handschriften zusammengetragen, die sich heute in der Bodleian Library in Oxford befindet

„Die Barmherzigkeit übende heilige Gesellschaft"
Die goldene Inschrift über dem Eingang in den Zeremoniensaal gibt den Wortlaut des hebräischen Namens der Beerdigungsbruderschaft wider

חברא קדישא
גומלי חסדים

Der Festumzug der Prager Juden im Jahr 1716 fand anläßlich der Feierlichkeiten der Geburt des Prinzen Leopold, des Sohnes des Kaisers Karls VI., statt. Im Umzug wurden auch beide Fahnen der Prager jüdischen Gemeinde getragen

Kreuz auf der Karlsbrücke (1696)
Die hebräische Inschrift, die die barocke Statuengruppe ergänzt, ist ein Zitat aus dem Buch des Propheten Jesajas (6,3):„Heilig, heilig, heilig, ist der Gott der Heerscharen"

קדוש
I·N·R·I

Portrait des Eleasar Fleckeles,
des Prager Oberrabbiners und Repräsentanten der traditionellen Rabbinerstudien. Das Portrait zeigt den Gelehrten mit seinem bekanntesten Werk, einer Sammlung von Antworten auf Religions- und Rechtsfragen

Das Portrait des S. J. Rapoport,
des Prager Oberrabbiners und Gelehrten, stammt
aus den vierziger Jahren des 19. Jahrhunderts

Die Alte Schul in der Mitte des 19. Jahrhunderts
Das Aussehen der Alten Schul, der oftmals umgebauten ältesten Prager Synagoge am rechten Moldauufer, kennen wir heute nur mehr aus alten Stichen

Spanische Synagoge
Ihre Westfront erinnert mit ihren Spitzenverzierungen am Rand der flachen Dächer und mit ihren Bogenfenstern an ein Schloß des Orients

Gewölbe der Spanischen Synagoge
Die Synagoge trägt ihren Namen nach den reichen Verzierungen, die mit goldenen und bunten Stuckarbeiten die Arabesken des maurischen Stils nachahmen

Tabernakel der Spanischen Synagoge
Die pseudoorientalische Architektur der Fassade wiederholt sich auch im Aussehen des Tabernakels

Beim Zugang zum Tabernakel der Spanischen Synagoge
Das Motiv des sechszackigen Sterns ist das vorherrschende Element im Dekor des ganzen Interieurs, der Wandmalereien und der Schnitzereien des Geländers

Jubiläumssynagoge
Der bei europäischen Synagogenbauten von der Wende vom 19. zum 20. Jahrhundert modische pseudomaurische Stil hebt die Jubiläumssynagoge aus der Reihe der sie umgebenden Häuser hervor

Pseudomaurische Elemente des Fassadenschmucks der Jubiläumssynagoge — mehrfach gegliederte Bögen der Eingangstür, hohe, schlanke Säulen und Kuppelfenster mit Blindbögen („Eselsrücken“)

Jugendstilgitter in der Front der Jubiläumssynagoge Jugendstil- und maurische Elemente ergänzen sich ganz ausgezeichnet

Frauengalerie der Jubiläumssynagoge, ein von den bunten Vitragen der Fenster bestrahlter Raum

〉

Věnovali
Moric a Růžena Bäckovi

Věnovali
Marta a Arnošt Fischmanno

Interieur der Jubiläumssynagoge
Das lange und hohe Hauptschiff beleuchten historische Kronleuchter, die von der mit Blumenmotiven geschmückten Decke herabhängen

Zeremonienhalle des Neuen jüdischen Friedhofs
Sie wurde im Neurenaissancestil am Ende des 19. Jahrhunderts erbaut und dient heute noch ihrem Zweck

Grabmal des S. I. Kaempf (1892)
Der Neurenaissancesarkophag ist einem der bedeutendsten mitteleuropäischen Repräsentanten der modernen Hebraistik und Judaistik gewidmet, der auch als Prediger in der Spanischen Synagoge tätig war

Gruft der Familie Bondy, einer Familie Prager Unternehmer und Mäzene
Ein Mitglied der Familie, der Anhänger der tschechisch-jüdischen Bewegung Bohumil Bondy, beteiligte sich an der Herausgabe historischer Quellen zur Geschichte der Juden in den Ländern der böhmischen Krone

FRANZ KAFKA
HERMANN KAFKA
JULIE KAFKA

Das Grab Franz Kafkas
ist die besuchteste Stelle des Neuen jüdischen
Friedhofs

Gedenktafel an der Stelle des Geburtshauses
Franz Kafkas,
am ehemaligen Dreibrunnenplatz, wo sich einst
das Ende des Prager Ghettos befand

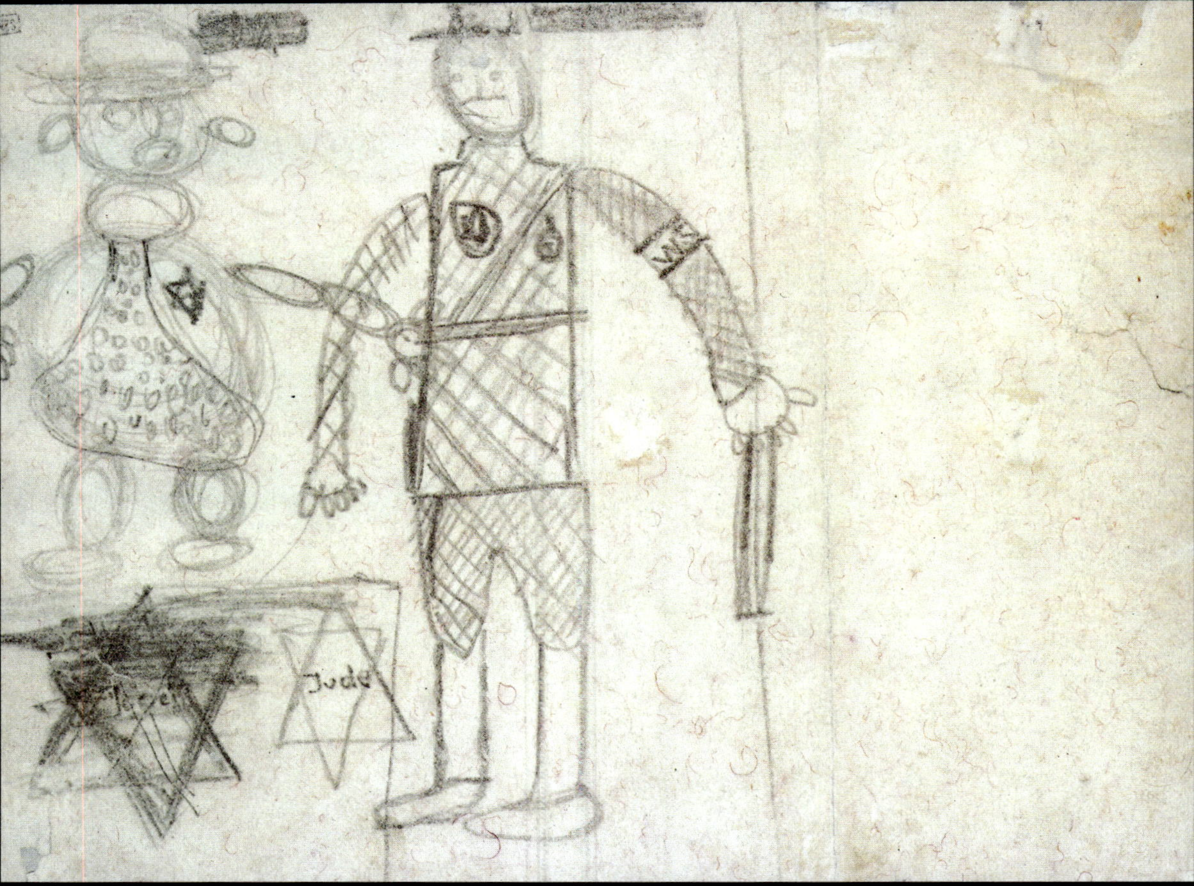

Die Kinderzeichnungen aus Theresienstadt sind ein trauriges Andenken an die grausamen Lebensbedingungen der jüdischen Kinder im Konzentrationslager — Ghetto:

Jiří Beutler, 9. 3. 1932 — 18. 5. 1944

Eva Freundová, 14. 1. 1933 — 4. 10. 1944

Rut Heinová, 19. 2. 1934 — 23. 10. 1944

Margit Koretzová, 8. 4. 1933 — 4. 10. 1944

Eisernes Synagogengitter, 18. Jahrhundert
Künstlerische Schmiedearbeiten schmückten die Rednerpulte und die Geländer der Frauengalerien der Synagogen der Städte und auf dem Land

/ 114 / 115 /

Silbereinband eines Gebetbuchs, 20. Jahrhundert
Ein solches Gebetbuch war ein prunkvolles
Geschenk anläßlich einer Hochzeit oder eines
Lebensjubiläums

Der Sederteller aus Karlsbad (1890)
ist ein Beispiel dafür, daß man auch auf Tellern, die für die traditionelle Festtafel bestimmt sind, eine modische Genreszene finden kann

Der Ziereinband eines Gebetbuchs,
18. Jahrhundert,
unterstreicht den Inhalt der Feiertagsgebete

Die kleinen Festpokale aus Rubinglas, Böhmen,
19. Jahrhundert,
haben hebräische Inschriften, die besagen, ob sie am Sabbat oder an Feiertagen verwendet wurden

Der Schofar,
ein Widderhorn, dessen Töne in den Synagogen am Neujahrstag (Rosch ha-Schana) oder am Versöhnungstag (Jom Kippur) erklangen

Schnitzereien am Tabernakel aus Podbořanský Rohozec, 1816

ווען מן זיכט בתי לנטיות דיא טין גיבויט זיין ווא

מאכט מן דיא ברכה

ברוך אתה ה' אמ"ה מציב גבור אלמנה ❖

ריכט מן שמעקנדיגי קרייטר מאכט מן דיא ברכה

ברוך אתה ה' אלהינו מלך העולם

בורא עשבי בשמים

Die volkstümliche Handschrift von Gebeten und Segensprüchen aus Mähren (18. Jahrhundert) gehört zu den kleinen, reizvollen Werken jüdischer Schreiber und Illuminatoren

Illustrierte Rolle des Buchs Esther,
18. Jahrhundert
Der biblische Text, der in den Synagogen anläßlich des Festes Purim gelesen wird, ist mit Zeichnungen von Gestalten und Szenen aus der Geschichte der Königin Esther geschmückt

Volkstümliches Holztabernakel, Podbořanský Rohozec, 1816
Das hölzerne Empiretabernakel mit seinem reichen Schnitzereien und seiner Polychromie ist ein Beispiel für das Tischler-Kunsthandwerk in ländlichen Gemeinden

Die Statue des Moses von František Bílek, ein Werk des tschechischen Künstlers aus dem 20. Jahrhundert, steht vor dem Hintergrund einer der ältesten Denkwürdigkeiten der gotischen Architektur in Prag

Der Alte jüdische Friedhof
>>>

Das Prager
GHETTO

ES FOTOGRAFIERTE JIŘÍ MACHT
DEN TEXT SCHRIEBEN
VLADIMÍR SADEK UND JIŘINA ŠEDINOVÁ

Gestaltung: Vladimír Sadek und Jiřina Šedinová
Übersetzung: Valter Kraus
Umschlag und Graphische Gestaltung: Antonín Kalcovský
Herausgeber: Olympia-Verlag, Prag, 1992
Erschienen als 2 609. Publikation des Verlags
1. deutsche Ausgabe, 126 Seiten, 125 Aufnahmen
Verantwortlicher Redakteur: Soňa Scheinpflugová
Künstlerischer Redakteur: Karel Kárász
Technischer Redakteur: Zbyněk Zajíček
Druckerei: Svoboda
27-004-92

die Altneus